DE

PLAIN-CHANT.

SAINT-QUENTIN.
Imprimerie d'Ad. MOUREAU, Lithographe,
Grand'Place, N°. 7.

NOUVELLE MÉTHODE

DE

PLAIN-CHANT,

OU

Exposé clair et facile

POUR APPRENDRE

et pour démontrer le chant;

par Dubois,

FACTEUR D'ORGUES.

BIBLIOTHEQUE RO
1

Se vend à St-Quentin,

Chez DOLOY, libraire, Editeur, rue de la Sellerie, n. 16.

1839.

J'ai lu et examiné avec une grande attention la nouvelle Méthode de Plain-Chant de Mr. DUBOIS, et l'ai trouvée conforme aux vrais principes du Chant, et de beaucoup supérieure à toutes celles dont j'ai connaissance, tant pour la distribution des Leçons, que pour la facilité avec laquelle on peut les démontrer.

St.-Quentin, le 12 Juin 1839.

DUEZ,

Maître de Musique de l'Eglise royale et paroissiale de Saint-Quentin.

AVANT-PROPOS.

De toutes les Méthodes de Plain-Chant qui ont paru jusqu'aujourd'hui, aucune n'a encore été commode, ni aux maîtres pour enseigner, ni aux élèves pour étudier seuls; d'abord, parce que les leçons, éparses çà et là dans l'intérieur de l'ouvrage, sont toutes d'un caractère extrêmement trop petit, ce qui offre une grande difficulté pour montrer plusieurs élèves à la fois; ensuite, parce que dans plusieurs ouvrages de ce genre, les démonstrations ne sont ni assez complètes ni assez méthodiques, et que dans d'autres plus étendus, sans être plus complets, les leçons se trouvent souvent trop abstraites pour des commençans. Convaincu par expérience de ces graves inconvéniens, je me suis résolu à rédiger cette Méthode, en m'aidant de plusieurs autres où j'ai recueilli ce qui m'a paru le plus convenable pour en former une qui fût, non exempte d'imperfections, mais au moins qui présentât plus d'avantages, non-seulement sous le rapport méthodique, mais encore sous celui des planches que j'ai mises à la suite du texte, et que j'ai faites d'un format plus grand, pour que plusieurs élèves puissent voir en même temps, et par ce moyen, faciliter la démonstration des leçons.

J'ai divisé cet ouvrage en trois parties: la première traite du Plain-Chant ordinaire et de tous les signes qui y sont employés; (c'est la partie sur laquelle les commençans doivent s'arrêter.) La seconde traite du Plain-Chant musical ou mesuré, et de tout ce qui a rapport à la psalmodie, et la troisième traite des rubriques générales du chant, et de tout ce qu'il faut observer pour bien chanter.

Enfin, je me suis surtout attaché à classer mes leçons dans l'ordre le plus rationnel possible, de sorte qu'en procédant toujours du connu à l'inconnu, l'élève fût conduit graduellement à la connaissance exacte des principes du chant.

Je m'estimerai heureux, si, par ce faible travail, je puis être utile aux maîtres et aux élèves.

Tout Exemplaire non revêtu de la signature de l'Auteur ou de l'Editeur, sera réputé contrefait et poursuivi conformément aux Loix.

PREMIÈRE PARTIE.

CHAPITRE PREMIER.

Du Plain-Chant.

Le Plain-Chant est le nom qu'on donne au chant ecclésiastique ; il se nomme ainsi, tant parce qu'il se chante posément, que parce que, comparé à la musique, il est plus simple, plus modeste, sans grands ornemens et comme marchant avec gravité dans un plan uni. Cependant, pour parler plus précisément, on peut dire que le Plain-Chant est la prose du chant, comme la musique en est la poésie.

Saint Ambroise, archevêque de Milan, fut, à ce qu'on prétend, l'inventeur du *Plain-Chant*; c'est-à-dire qu'il donna le premier une forme et des règles au chant ecclésiastique, pour l'approprier mieux à son objet, et le garantir de la barbarie et du dépérissement où tombait de son temps la musique. Saint Grégoire, pape, le perfectionna et lui donna la forme qu'il conserve encore aujourd'hui à Rome, et dans les autres Eglises où se pratique le chant Romain. L'église Gallicane n'admit qu'en partie, avec beaucoup de peine et presque par force, le chant Grégorien. J'ai transcrit à la fin de cette Méthode l'extrait d'un ouvrage du même temps, imprimé à Francfort en 1594, et qui contient une ancienne querelle sur le *Plain-Chant*, qui s'est renouvelée, depuis, sur la musique, et qui n'a pas eu la même issue.

On possède encore un grand nombre de beaux morceaux fort anciens, qui feraient honneur aux plus habiles compositeurs : tels sont, le *Te Deum*, *Pange lingua*, etc., dont on attribue la composition à Saint Ambroise et à Saint Hilaire-le-Grand.

CHAPITRE II.

De l'origine des Notes.

C'est à Guy D'Arezzo qu'on attribue l'invention des six notes du Plain-chant : *ut*, *re*, *mi*, *fa*, *sol*, *la*, extraites de la première strophe de l'hymne de Saint Jean-Baptiste, *ut queant laxis;* mais chacun ne sait pas que l'air de cette hymne, tel qu'on le chante aujourd'hui, n'est pas exactement celui dont Guy tira ses notes ou syllabes, puisque les sons qui les portent dans cette hymne ne sont pas ceux qui les portent dans sa gamme. On trouve dans un ancien manuscrit, conservé dans la bibliothèque du chapitre de Sens, cette hymne, telle, probablement, qu'on la chantait du temps de Guy, et dans laquelle chacune des six syllabes est exactement appliquée au son correspondant de la gamme, comme on peut le voir, planche 1re, figure 1re, où j'ai transcrit cette hymne.

Ce fut vers le onzième siècle, qu'Ericius Dupuis ajouta le *si* aux six notes de Guy, pour faciliter l'étude du chant.

CHAPITRE III.

Des Signes employés dans le Plain-Chant.

La première connaissance à acquérir pour apprendre le *Plain-Chant* est celle des signes; ils se divisent en six espèces, savoir: 1°. L'échelle ou portée. 2°. Les notes et leurs valeurs; 3°. Les clefs; 4°. Les barres; 5°. Les signes altératifs ou accidentels, 6°. Et le guidon.

La Portée.

Le Plain-Chant se note sur quatre lignes horizontales qui forment une échelle ou *portée.* On commence à compter ces lignes par le bas; on peut ajouter d'autres lignes en dessus ou en dessous suivant l'étendue du chant. *Voyez planche* 1re, *fig.* 2.

Les Notes.

Il y a quatre sortes de *notes* dans le plain-chant, savoir: 1°. La note carrée à queue, qui est la plus longue; 2°. La note carrée commune qui vaut la moitié de la carrée à queue; 3°. La rhomboïde, qui vaut la moitié de la carrée commune; 4°. La lozange, qui vaut la moitié de la rhomboïde. *Planche* 1re, *fig.* 3.

Les Clefs.

Il n'y a dans le plain-chant que deux *clefs*, savoir: la *clef* d'*ut* et la *clef* de *fa*. Les *clefs* servent pour désigner le nom des notes. *Planche* 1re, *fig.* 4.

Les Barres.

Les *barres* sont courtes, ou longues, ou doubles.

La demi-*barre* est employée pour marquer la séparation de chaque mot, et des notes qui leur appartiennent; et dans les chants mesurés, elle sert à séparer chaque mesure.

La longue *barre* traverse perpendiculairement les quatre lignes de l'échelle; elle sert à indiquer la terminaison du sens de la lettre et du chant. Dans les chants mesurés, elle termine le chant de chaque vers, pour indiquer qu'on doit s'y reposer.

La double *barre* sert dans toutes les pièces à indiquer les intonations, les reprises, les finales, etc. *Planche* 1, *fig.* 4.

Des Signes altératifs.

Les *signes altératifs* sont: le bémol, le dièze et le bécarre.

Le *bémol* est un signe qui a la propriété de faire baisser d'un demi-ton le son des notes qu'il précède; il ne se place dans le plain-chant que sur les notes *si* et *mi*.

Le *dièze* a la propriété contraire au *bémol*, c'est-à-dire qu'il hausse la note d'un demi-ton, au lieu de la baisser; il ne se place dans le plain-chant que sur les notes *fa*, *sol*, *ut*.

Le *bécarre* a la propriété de réclamer le son naturel de la note, soit qu'elle ait été altérée par l'effet du *bémol* ou augmentée par celui du *dièze*. *Planche* 1re, *fig.* 4.

Le Guidon.

Le *guidon* est un signe qui a la figure d'une demi-note avec une queue; il se place à l'extrémité finale de la portée sur le degré où doit être placée la première note de la portée suivante. *Planche* 1re, *fig.* 4.

CHAPITRE IV.

De la Gamme et de ses Intervalles.

Lorsque l'élève connaît tous les signes, il faut commencer par le faire solfier la *gamme*. Solfier, c'est chanter en appelant les notes par leur nom. Par *gamme*, on entend cette suite de notes *ut*, *re*, *mi*, *fa*, *sol*, *la*, *si*, *ut*, qui fait l'octave, suivant l'ordre naturel; lui faire observer la différence des sons d'une note à une autre note voisine, qui est plus ou moins considérable selon les notes, comme de *ut* à *re*, de *mi* à *fa*; et cette différence s'exprime par tons et demi-tons; ainsi entre les notes *mi* et *fa*, *si* et *ut*, il n'y a qu'un demi-ton; et entre toutes les autres notes il y a un ton plein; l'octave est donc composé de cinq tons et deux demi-tons. *Planche* 1re, *fig*. 5.

On peut prendre une idée juste de tous ces intervalles par l'inspection de la gamme figurative. *Planche* 1re, *fig*. 5.

Il est facile de voir qu'un tel exercice mettra à même de distinguer la valeur des tons et des demi-tons; ensuite on pourra le faire passer aux exercices démontrés à la *planche* 2, et l'exercer sur cette clef, avant de passer à une autre, parce qu'elle est la plus usitée dans le plain-chant.

Voici le nom des différens intervalles de notes qu'il est bon de lui faire connaître :

L'intervalle	d'une note à l'autre	s'appelle	*Seconde*.
»	de trois notes	»	*Tierce*.
»	de quatre notes	»	*Quarte*.
»	de cinq notes	»	*Quinte*.
»	de six notes	»	*Sixte*.
»	de sept notes	»	*Septième*.
»	de huit notes	»	*Octave*.

Il faut savoir que la *tierce* est composée d'un ton et demi, si elle est mineure, et de deux tons, si elle est majeure.

La *tierce mineure* est *directe* ou *inverse*. *Directe*, quand le demi-ton en montant est entre la seconde note et la troisième, comme *re*, *mi*, *fa*; *inverse*, quand le demi-ton est entre la première note et la seconde, comme *mi*, *fa*, *sol*. Voyez *planche* 2, *fig*. 3 et 4.

La *quarte* doit toujours être de deux tons et demi. L'intervalle, composé de trois tons, est très-mauvais, et détruit toute l'harmonie du chant. *Planche* 2, *fig*. 5.

La *quinte* est *vraie* ou *fausse*. La vraie est toujours de trois tons et demi: la fausse qui est désagréable, n'a que deux tons et deux demi-tons.

La *sixte* est composée de trois tons et deux demi-tons, si elle est mineure, et de quatre tons et demi, si elle est majeure.

La *septième* forme une chute désagréable et inusitée.

L'*octave* est toujours de cinq tons et deux demi-tons. Deux notes qui ont pour intervalle une octave, ne sont que la répétition l'une de l'autre: elles ne diffèrent que par la gravité des sons.

Voyez tous ces exemples, *Planches* 2 *et* 3.

CHAPITRE V.

De l'Exercice du Chant.

Quand l'élève solfiera tous les exercices précédens avec facilité, on pourra le faire passer aux paroles sur le livre; pour cela, on choisira quelques pièces faciles, comme:

O Salutaris, *Pange lingua*, *Lauda Sion*, *Regina cœli*, *Ave Verum*, etc., ou quelques autres pièces aussi faciles; on pourra le faire solfier un vers à la fois, et le faire chanter aussitôt, et ainsi de suite. Voyez cette démonstration, *planches* 3 et 4.

Quand plusieurs notes sont jointes ensemble, elles appartiennent à la même syllabe dont on doit prolonger le son sur toutes les notes qui en dépendent, sans articuler, sans aspirer, évitant de chanter par secousse, mais passant d'une note à l'autre par un filet de voix qui les lie ensemble.

On pourra s'exercer sur la clef d'*ut* sur la troisième ligne, et ensuite sur la clef de *fa*, et sur tel autre chant que l'on voudra, observant toujours à quelles notes correspondent les paroles que l'on chante, de peur de s'accoutumer à chanter par routine : défaut qu'il convient d'éviter; sans cela, on ne sera jamais sûr, et on ne deviendra jamais parfait dans le chant.

Il faut aussi, lorsque l'on commence à chanter la lettre, éviter des défauts qui rendent le chant désagréable, et pour cela on doit observer les avis suivans :

1°. Prononcer correctement et naturellement les voyelles *a*, *e*, *i*, *o*, *u*, d'où dépend en grande partie la beauté du chant.

2°. Quand l'*e* est suivi d'une consonne dans la même syllabe, lui donner le son de l'*è* ouvert, comme dans ces mots : *pâtèr*, *ècce*, *èxcèlsus*, *resurrèxit*, *dèxteram*, *sapièntèm*, *veniènt*, *amèn;* autrement, l'*e* est fermé. Cet article mérite qu'on y fasse attention; et les maîtres ne sauraient trop s'appliquer à faire sentir la différence de l'*é* fermé à l'*è* ouvert. Les jeunes chantres à qui la voix n'a pas mué, tombent souvent dans ce défaut : ils trouvent commode et plus éclatant de faire sonner *èèèè* au lieu de *éééé*, quand ils chantent par exemple *Kyrie eleison.*

3°. Dans les syllabes finales *am*, *em*, *um* qui équivaut à *om*, par exemple, dans *magnam*, *sanctorum*, *patrem*, *filium*, faire entendre le son pur de l'*o*, de l'*a*, de l'*e*, et ne faire sentir l'*m* qu'au moyen des lèvres.

4°. La lettre *s*, à la fin des mots, suivie d'un autre mot qui commence par une voyelle, n'a pas le son du *z* : ainsi, dans ces mots : *Dies iræ*, *Dies illa*, on ne doit pas prononcer *Diez iræ*, *Diez illa. Pusillis* se prononce *puzillis*; mais *desuper* ne se prononce pas *dezuper. Functum* se prononce *fonctom*. On prononce *cuncta* et non *concta. Uxor* se prononce *ucsor* et non *uczor*; *exaltare* se prononce *eczaltare*, et non *ecsaltare*. Les monosyllabes *hic*, *hæc*, *hoc*, etc., ont l'*h* aspiré. En général, en fait de prononciation, il faut consulter le bon usage.

5°. Chanter d'un ton de voix naturelle et le plus approchant de celui que l'on a en parlant ou en lisant, et par conséquent éviter de chanter d'une voix criarde, forcée ou languissante et molle ; ce qui ferait hausser ou baisser le ton du chœur.

6°. Prononcer distinctement tous les mots et toutes les syllabes, de sorte que ceux qui écoutent, entendent facilement ce que l'on chante, faisant attention, à cet effet, de ne pas séparer les syllabes d'un même mot, lorsqu'on a besoin de reprendre son haleine.

7°. Chanter les notes pleines et sans fredon, ne point chanter du nez, ni de la gorge ; distinguer chaque note liée, en pesant doucement sur chacune, sans aspirer, sans faire *ha*, *ha*, *ha*, ou *ua*, *ua*, *ua*; *ué*, *ué*, *ué*; *oua*, *oua*, *oua*, comme font quelques-uns, quand ils ont plusieurs notes à chanter sur un *a*, un *e*, etc.

8°. Quand il se trouve plusieurs notes sur une syllabe, et que cette syllabe finit par une consonne sensible, comme dans ces mots : *alma*, *tuum*, il ne faut faire sentir cette consonne qu'à la dernière note de cette syllabe. Ainsi il serait ridicule de dire *al*, *al*, *al*, *al*, sur chaque note qui se trouve sur la première syllabe du mot *alma ;* mais il faudra chanter *a*, *a*, *a*, *a*, *alma*, et ne faire sentir l'*l* qu'à la dernière note ; de même pour *tuum*, on chantera *tuo*, *o*, *o*, *o*, *o*, *om*, ne faisant aussi sentir l'*m* qu'à la dernière note.

9°. Chanter d'une manière aisée, sans effort, en sorte que l'on puisse continuer long-temps sans se lasser, n'imitant pas ceux qui, en certains endroits où leur voix leur semble plus belle, plus libre et plus sonore, la poussent davantage pour se faire entendre.

10°. Eviter en chantant les grimaces, les contorsions des yeux, les mouvemens ridicules de la tête et de tout le corps, encore plus les efforts trop violens de la poitrine et du gosier.

11°. Quand on chante avec d'autres, avoir soin de s'écouter les uns les autres, en sorte que tous chantent en même temps la même note et la même syllabe. Quand on chante en deux chœurs ou alternativement avec d'autres, ne point recommencer, ne point reprendre que ceux-ci n'aient entièrement fini.

12°. Enfin, accommoder son ton à celui du chœur ; si le ton est trop haut ou trop bas, il vaut mieux, durant ce temps-là, se reposer plutôt que de prendre l'octave au-dessus, à moins qu'on ait la voix si haute qu'on puisse continuer toujours sur le même ton.

Les maîtres de chant doivent veiller à ce que leurs élèves observent tous ces avis, d'autant plus que, lorsqu'on a pris une première de chanter désagréable et irrégulière, on ne s'en corrige que très-difficilement, suivant cette maxime d'Ovide :

Principiis obsta ; serò medicina paratur,
Cum mala per longas invaluere moras.

CHAPITRE VI.

Des Tons ou Modes.

Les *Tons* ou *Modes* sont des manières de moduler le Plain-Chant sur telle ou telle finale prise dans le nombre prescrit, en suivant certaines règles admises dans toutes les Eglises où l'on pratique le chant Grégorien.

On compte huit *tons* réguliers, dont quatre authentiques ou principaux, et quatre plagaux ou collatéraux. On appelle *Tons* authentiques, ceux où la tonique occupe à peu près le plus bas degré du chant; mais si le chant descend jusqu'à trois degrés plus bas que la tonique, alors le *ton* est plagal.

Les quatre *tons* authentiques ont leurs finales à un degré l'une de l'autre, selon l'ordre de ces quatre notes, *re, mi, fa, sol;* ainsi le premier de ces *tons* répondant au mode Dorien des Grecs, le second répond au Phrygien, le troisième à l'Eolien, et le dernier au Mixolydien. C'est saint Miroclet, évêque de Milan, ou, selon d'autres, saint Ambroise, qui, vers l'an 370, choisit ces quatre *tons* pour en composer le chant de l'église de Milan; et c'est, à ce qu'on dit, le choix et l'approbation de ces deux évêques, qui ont fait donner à ces quatre *tons* le nom d'authentiques.

Comme les sons employés dans ces quatre *tons* n'occupaient pas tout le diapason ou les quinze cordes de l'ancien système des Grecs, saint Grégoire forma le projet de les employer tous, par l'addition de quatre nouveaux *tons* qu'on appelle plagaux, lesquels ayant les mêmes diapasons que les précédens et les mêmes finales, reviennent proprement à l'Hyper-Dorien, à l'Hyper-Phrygien, à l'Hyper-Eolien et à l'Hyper-Mixo-Lydien. D'autres attribuent l'invention de ce dernier à Guy Darezzo.

C'est de là que les quatre *tons* authentiques ont chacun un plagal pour collatéral ou supplément; de sorte qu'après le premier *ton* qui est authentique, vient le second qui est son plagal, le troisième qui est authentique, et le quatrième plagal, et ainsi de suite. Ce qui fait que les *modes* ou *tons* authentiques s'appellent aussi impairs et les plagaux pairs, eu égard à leur place dans l'ordre des *tons*.

Pour connaître facilement de quel *ton* est un morceau de chant, il faut savoir que les authentiques ou impairs peuvent aller à plus de huit notes au-dessus de leur finale, et à une seule au-dessous, et que les plagaux ou pairs ne peuvent aller qu'à cinq ou six notes au-dessus de la finale, mais peuvent en avoir trois ou quatre au-dessous, et même un plus grand nombre.

Finales et Dominantes des huit Tons.

Le 1er ton a pour finale *re*, pour dominante *la*.
Le 2e. ton a pour finale *re*, pour dominante *fa*.
Le 3e. ton a pour finale *mi*, pour dominante *ut*.
Le 4e. ton a pour finale *mi*, pour dominante *la*.
Le 5e. ton a pour finale *fa*, pour dominante *ut*.
Le 6e. ton a pour finale *fa*, pour dominante *la*.
Le 7e. ton a pour finale *sol*, pour dominante *re*.
Le 8e. ton a pour finale *sol*, pour dominante *ut*.

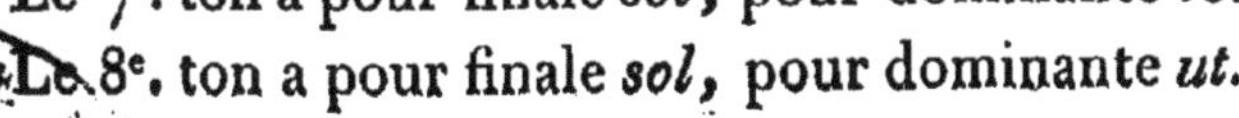

BIBLIOTHEQUE ROYALE

Le premier ton était nommé par les anciens *Mode Dorien*, parce que les Doriens s'en servaient pour exprimer les choses graves et sérieuses, les modernes l'appellent *primus gravis.*

Le deuxième ton était nommé *Mode sous Dorien*, parce que les Doriens s'en servaient dans la tristesse; aujourd'hui *secundus tristis.*

Le troisième ton était appelé *Mode Phrygien*, parce que les Phrygiens s'en servaient dans leur joie; on l'appelle présentement *tertius mysticus.*

Le quatrième ton était nommé *sous-Phrygien;* les Phrygiens s'en servaient pour exciter en eux des larmes de joie; aujourd'hui *quartus harmonicus.*

Le cinquième ton était appelé *Mode Eolien*, parce que les Eoliens s'en servaient pour s'exciter à la tristesse et aux larmes; ils le nommaient le mode pleureur: on l'appelle cependant joyeux, parce qu'à volonté, on le rend triste ou joyeux: les modernes le nomment *quintus lœtus.*

Le sixième ton était nommé *Mode sous Eolien;* on l'appelle aujourd'hui *sextus devotus.*

Le septième ton était nommé *Mixo-Lydien*, présentement *septimus angelicus.*

Le huitième ton était nommé *sous-Mixo-Lydien;* les modernes l'appellent *octavus perfectus.*

Le discernement des *tons* authentiques ou plagaux est indispensable à celui qui donne le *ton* du chœur; car, si le chant est dans un *ton* plagal, il doit prendre la finale à peu près dans le *medium* de la voix; et si le *ton* est authentique, il doit la prendre dans le bas. Faute de cette observation, l'on expose les voix à se forcer dans le haut, ou à n'être pas entendues dans le bas.

Il y a encore des *tons* qu'on appelle *mixtes*, c'est-à-dire, mêlés de l'authente et du plagal, ou qui sont en partie principaux et en partie collatéraux; on les appelle aussi *tons* ou *modes* communs. En ces cas, le nom numéral ou la dénomination du *ton* se prend de celui des deux qui domine, ou qui se fait sentir le plus, surtout à la fin de la pièce.

Quelquefois on fait dans un *ton* des transpositions à la quinte : ainsi, au lieu de *re* dans le premier *ton*, l'on aura *la* pour finale, *si* pour *mi*, *ut* pour *fa*, et ainsi de suite. Mais si l'ordre et la modulation ne change pas, le *ton* ne change pas non plus, quoique pour la commodité des voix la finale soit transposée. Ce sont des observations à faire pour le chantre ou l'organiste qui donne l'intonation.

Pour approprier, autant qu'il est possible, l'étendue de tous ces tons à celle d'une seule voix, les organistes ont cherché les *tons* de la musique les plus correspondans à ceux-là.

Voici ceux qu'ils ont établis.

Premier ton . . *re* mineur.
Second ton . . . *sol* mineur.
Troisième ton . *la* mineur ou *sol*.
Quatrième ton. *la* mineur finissant sur la dominante.
Cinquième ton. *ut* majeur ou *re*.
Sixième ton . . *fa* majeur.
Septième ton. . *re* majeur.
Huitième ton. . *sol* majeur en faisant sentir le ton d'*ut*.

On aurait pu réduire ces huit *tons* encore à une moindre étendue, en mettant à l'unisson la plus haute note de chaque *ton*, ou, si l'on veut, celle qu'on rebat le plus, et qui s'appelle, en terme de Plain-Chant, *dominante:* mais, comme on n'a pas trouvé que l'étendue de tous ces *tons* ainsi réglés excédât celle de la voix humaine, on n'a pas jugé à propos de diminuer encore cette étendue par des transpositions plus difficiles et moins harmonieuses que celles qui sont en usage.

Au reste, les *tons* de l'église ne sont point asservis aux lois des *tons* de la musique; il n'y est point question de médiante ni de note sensible, le mode y est peu déterminé, et on y laisse les semi-tons où ils se trouvent dans l'ordre naturel de l'échelle, pourvu seulement qu'ils ne produisent ni triton, ni fausse quinte sur la tonique.

SECONDE PARTIE.

CHAPITRE Ier.

Du Chant Métrique ou Musical.

Le chant métrique ou musical se chante comme la musique, c'est-à-dire en mesure, et en observant la valeur relative des notes. Plusieurs hymnes et la plupart des proses sont du chant musical, comme : *Ut queant laxis*, *Sit qui tonantem*, *Exurge terris*, *Promissa tellus*, *Adeste fideles*, *O filii*, etc.; les proses *Veni sancte Spiritus*, *Solemnis hæc festivitas*, *Votis pater annuit*, *Exultet laudibus*, etc.

Dans ce chant on pèse tant soit peu sur la dernière note de chaque strophe, en manière de point d'orgue (ce qui n'est pas censé arrêter la mesure), pour faciliter la reprise au chœur suivant.

Pour bien exécuter le chant musical, il serait bon de savoir un peu la musique. Du moins, il faudra bien se pénétrer de la mesure de ces sortes de pièces, surtout si elles ne sont pas bien notées : ce qui n'est pas rare.

On appelle *mesure*, toutes les notes comprises entre deux barres.

Il y a deux sortes de mesures : la mesure à deux temps et la mesure à trois temps ; il y aussi une mesure à quatre temps, mais comme on ne s'en sert pas dans le plain-chant, je m'abstiendrai d'en parler. Chaque mesure est indiquée par un chiffre placé au commencement de la pièce. Chaque temps se bat, ou se marque par autant de mouvemens égaux de la main. Voyez *Planches* 4 et 5.

La mesure à deux temps est composée d'une note à queue, ou, ce qui revient au même, de deux carrées, ou de quatre rhomboïdes, ou de huit lozanges, ou de l'équivalent. Voyez *Planche* 4, *fig.* 1.

La mesure à trois temps est composée de trois carrées ou de l'équivalent. La mesure à trois temps peut aussi être composée de trois rhomboïdes ou de l'équivalent. Le mouvement de celle-ci devra être moins lent. *Planche* 4, *fig.* 2.

Première Remarque. Comme le chant musical est, en fait de chant, ce que la poésie est en fait de langage, il serait à souhaiter que toutes les hymnes et proses qui sont des pièces de poésie fussent notées en chant musical, et pour ainsi dire *poétique :* car il est fâcheux que l'on détruise, par des sons traînans ou précipités à contre sens, tant de combinaisons ingénieuses, tant de force et de grâce que l'on remarque dans les hymnes sacrées.

J'ai noté à la planche 5 et 6, quelques hymnes que l'on pourra adopter, en remplacement de celles notées en plain-chant, du moins elles pourront servir d'exemples et d'exercices pour les élèves. *Planches* 4 *et* 5.

Deuxième remarque. Quand, dans les hymnes ou proses, il se trouve un excès de syllabes dans certains vers, c'est-à-dire que quand de deux mots voisins, le premier finit par une voyelle, soit qu'elle soit seule, ou qu'elle soit avec un *m,* et que le second mot commence par une voyelle ou un *h,* il faut, en chantant, faire ellision; par exemple : *ipso in fonte, infunde amorem, cœli lucem habitabimus, monstra te esse, et te utriusque, pulsa aditis*, se prononceront: *ips'in fonte*, *infund'amorem*, *cœli luc'habitabimus*, *monstra t'esse*, *et t'utriusque*, *puls'aditis.*

CHAPITRE II.

Du chant Psalmodique ou Coulé.

Le chant psalmodique ou coulé dépend en partie du goût, en partie de la valeur des notes, et en plus grande partie de l'observation de la quantité dont nous allons parler.

On chante en *chant coulé*, les Psaumes, les Leçons, Oraisons, Épîtres, Évangiles, la Généalogie, les Passions, Absolutions, Bénédictions, Capitules, petits Versets, Litanies, *Exultet....* du samedi saint, *Pater noster*, les Préfaces, *Attende*, *Rorate*, quelques *Gloria* et *Credo*, etc. etc., et généralement toutes les pièces de chant où il n'y a qu'une seule note sur la plupart des syllabes, et où les notes brèves et coulées sont très-multipliées et placées sur des syllabes ordinairement longues dans le plain-chant.

CHAPITRE III.

De la Quantité psalmodique.

Pour observer la quantité psalmodique, il suffit de savoir quand la pénultième syllabe (c'est-à-dire l'avant-dernière) d'un mot est brève ou longue, parce que c'est de cette syllabe que dépend en quelque sorte la valeur des autres syllabes. Les livres où la quantité est marquée ordinairement par un accent aigu sur la pénultième ou l'antépénultième (c'est-à-dire celle qui précède l'avant-dernière) syllabe des mots, seront très-utiles à ceux qui ignorent le latin ; et pour ceux-là même qui le savent, ils ne laisseront pas de leur être d'un grand avantage ; d'autant plus que dans une lecture continue, c'est une difficulté, un embarras de penser à chaque mot, si telle syllabe est brève ou longue : au lieu que l'accent nous frappe à l'instant, et nous prononçons les mots avec poids et mesure : ce qui donne beaucoup de grâce à la lecture et au chant.

On distingue quatre sortes de syllabes, qui répondent en quelque façon aux quatre espèces de notes dont on fait usage dans le chant : 1°. des syllabes longues *accentuées ;* 2°. des longues *communes ;* 3°. des *coulées ;* 4°. des *brèves* parfaites.

1°. Il n'y a qu'une syllabe longue accentuée dans chaque mot, et c'est sur cette syllabe qu'on se repose en quelque sorte en prononçant le mot (*a*), *planche* 5, *fig.* 1re. Cette syllabe est toujours la pénultième dans les mots de deux syllabes (*b*) : et dans ceux de plus de deux syllabes, c'est la pénultième du mot, si cette pénultième est longue de sa nature (*c*); et l'antépénultième, si la pénultième est brève de sa nature (*a*) et (*d*).

2°. Les syllabes dans le corps des mots sont des longues communes et des coulées ; longues, celles qui le sont de leur nature, et coulées, celles qui sont brèves de leur nature. Cependant un système qui ne serait pas à rejeter et qui serait à la portée de tout le monde, consisterait à faire longues et coulées alternativement, sans affectation pourtant, toutes les syllabes qui se trouvent dans le corps des mots, de manière que la syllabe qui précède la syllabe accentuée soit coulée (*d*); c'est le système démontré à la *planche* 5.

La dernière syllabe des mots et les monosyllabes, sont des longues communes.

3°. On ne doit regarder comme *brève* parfaite : 1°. que la pénultième syllabe des mots de plus de deux syllabes, lorsque cette pénultième est brève de sa nature : ce qu'on peut reconnaître, quand l'antépénultième est accentuée (*a*) (*c*) (*d*); 2°. est aussi censée brève, la dernière syllabe des mots suivis d'un monosyllabe qui leur est lié par le sens d'une manière plus prochaine qu'avec le mot suivant, pourvu toutefois que la pénultième de ces mêmes mots ne soit pas déjà brève elle-même ; parce que, pour l'observation des règles de la psalmodie, on ne peut admettre deux brèves de suite (*e*) (*f*) (*g*) (*h*), *Planche* 5, *fig.* 2, et (*j*), *Planche* 6, *fig.* 1[r].

EXCEPTION UNIQUE

pour le Chant de la terminaison des Psaumes.

Dans le chant de la terminaison des Psaumes, lorsque le verset se termine par un seul monosyllabe, la pénultième syllabe du mot précédent sera toujours censée longue et la dernière brève (*k*). *Planche* 6, *fig.* 2.

CHAPITRE IV.

Du chant des Psaumes.

Il y a quatre choses à distinguer dans le chant des

Psaumes, savoir : l'Intonation, la Teneur ou Dominante, la Médiation, et la Terminaison.

1°. De l'Intonation.

L'*Intonation* est une modulation que l'on fait au commencement des Psaumes et Cantiques, au premier verset seulement pour les Psaumes, et à chaque verset pour les Cantiques qui doivent se chanter avec plus de solennité que les Psaumes.

Parmi les intonations, les unes ont une liaison, et les autres n'en ont pas. On appelle *intonations liées*, ou *avec liaison*, celles qui admettent deux notes sur la même syllabe, comme dans le premier, le troisième, le quatrième, le sixième et le septième ton. Les *intonations non liées* ou *sans liaison*, sont celles où chaque syllabe n'a qu'une seule note, comme dans le deuxième, le cinquième et le huitième ton. Il faut remarquer que si la seconde syllabe du mot est brève ou coulée, on ne la compte pas dans les intonations avec liaison.

Les deux vers suivans aideront à retenir ces différentes intonations :

Non ligat octavus, seu quintus, sive secundus,
Verum aliis in quinque, notas unire memento.

2°. De la Teneur.

La *Teneur* est une suite de notes qui se chantent ordinairement sur la dominante, depuis l'intonation jusqu'à la médiation, et depuis la médiation jusqu'à la terminaison.

Voici, en peu de mots, ce qu'il y a d'essentiel à observer sur la teneur :

1°. Observer la quantité psalmodique.

2°. Chanter plus lentement la médiation et la terminaison.

3°. Faire une pause à l'astérique qui est au milieu du verset.

4°. Faire une demi-pause avant la médiation et la terminaison, autant que le sens des paroles le permettra, afin de reprendre son haleine, et de permettre aux voix de se réunir pour la médiation et la terminaison.

5°. Ne point traîner à la fin des versets, afin de faire sentir le petit silence qui doit régner avant la reprise du chœur suivant; ce qui produit un merveilleux effet dans la psalmodie.

6°. Ne jamais couper le sens des mots pour faire une pause, mais lire de suite ceux qui sont étroitement liés ensemble. Par exemple, il faudra lire, comme il suit, les phrases suivantes: *intelléctus bonus* (demi-pause ou soupir) *omnibus facientibus eum.* — *Excélsus* (d.-pause) *super omnes gentes dóminus.* — *Et vincas* (demi-pause) *cùm judicáris.* — *Sede* (demi-pause) *à dexterís meis.* — *Deus* (d.-pause) *ìn adjutórium meum* (d.-pause) *inténde.* — *Dignáre* (d.-pause) *me laudáre te* (demi-pause) *Virgo sacràta.* — *Domìne sancte* (d.-pause), *Pater omnipotens* (d.-pause), *ætérne Deus.* — *Dignum* (demi-pause) *et justum est*, *æquum* (demi-pause) *et salutáre.* — *Dómìne* (demi-pause) *ad adjuvándum me* (demi-pause) *festína.*

3°. De la Médiation.

La *Médiation* est une modulation qui termine la première partie de chaque verset des psaumes et des cantiques.

Il y a deux règles générales à observer, par rapport à la médiation. Ces deux règles sont également applicables à la terminaison, ainsi qu'aux autres chants de cette espèce, comme des Epîtres, Evangiles, etc.

Première règle. — Si la pénultième syllabe de cette première partie du verset qui précède l'astérique, est brève, on ne doit faire sur cette syllabe aucune des inflexions de voix propres à la médiation, et par conséquent elle n'est jamais comprise dans le nombre des syllabes requises après la première syllabe haussée ou baissée pour faire la médiation.

Seconde règle. — Dans les médiations qui commencent par une élévation de voix au-dessus de la dominante (excepté dans la médiation du deuxième ton irrégulier en A), cette élévation de voix ne doit jamais se faire sur la dernière syllabe d'un mot, ni sur la pénultième syllabe brève d'un mot, de plus de deux syllabes, mais on anticipe cette élévation sur la syllabe précédente.

4o. De la Terminaison.

La *Terminaison* est une modulation par laquelle on finit tous les versets des Psaumes et des Cantiques.

On doit observer les mêmes règles pour la terminaison que pour la médiation.

On a introduit dans la psalmodie, un grand nombre de terminaisons, afin de la rendre plus agréable par la variété ; elles sont désignées par les sept premières lettres de l'alphabet :

Par A, on désigne une terminaison en *la.*
Par B. . . . . . . id. . . . . . . en *si.*
Par C. . . . . . . id. . . . . . . en *ut.*
Par D. . . . . . . id. . . . . . . en *re.*
Par E. . . . . . . id. . . . . . . en *mi.*
Par F. . . . . . . id. . . . . . . en *fa.*
Par G. . . . . . . id. . . . . . . en *sol.*

Il y a trois espèces de terminaisons : les unes sont appelées *complètes*, parce qu'elles se terminent sur la finale du ton sur lequel on chante ; les autres *incomplètes*, parce qu'elles ne descendent pas jusqu'à la finale ; et les troisièmes, *plus que complètes*, parce qu'elles descendent au-dessous de la finale.

Avant chaque antienne, on trouve dans les livres de chant, une suite de notes sans paroles, un chiffre et une lettre. Cette suite de notes qui précèdent l'antienne n'est autre chose que la terminaison du psaume.

La lettre sert à faire distinguer les différentes espèces de terminaisons. Si la lettre est majuscule, elle indique une terminaison complète. Les deux autres espèces de terminaisons sont désignées par les minuscules. Ainsi, par exemple, ce chiffre et cette lettre I. D. marquent qu'il faut chanter le Psaume sur le premier ton, avec la terminaison qui finit en D, c'est-à-dire en *re*.

INTONATIONS.

Teneurs, Médiations et Terminaisons des 8 *Tons.*

Planche 6, *fig*. 3. Les chiffres placés sous chaque médiation et terminaison sont pour désigner le nombre des syllabes requises, après la première haussée ou baissée, pour exécuter ces sortes de modulations. Voyez les *Planches* 6, 7 et 8.

TROISIÈME PARTIE.

Des Règles et Rubriques du Chant.

CHAPITRE PREMIER.

De l'Intonation.

Pour commencer une pièce de chant d'une manière convenable, il ne faut pas la prendre ni trop haut ni trop bas, c'est-à-dire qu'il faut savoir mesurer l'étendue de sa voix sur l'étendue de la pièce qu'on doit exécuter; sans quoi, on risquerait de forcer les voix dans le bas comme dans le haut ; et c'est pour cela qu'on a établi le principe de porter rarement la modulation d'un ton en plain-chant au-delà de l'octave qui lui est propre, parce que l'intervalle de l'octave ne surpasse point l'étendue des voix les plus communes. Voici donc deux règles à cet égard.

Première règle. — *La finale des tons impairs se prend dans le bas de la voix.* La raison de cette règle est que dans les tons impairs, la tonique ou la finale se trouve être à peu près la note la plus grave du ton, en sorte que si on prenait cette note dans le haut de la voix, il serait impossible d'exécuter les notes qui se trouvent un octave au-dessus.

Deuxième règle. — *La finale des tons pairs se prend dans le milieu de la voix.* La finale des tons pairs se trouve au milieu de l'étendue du ton; de sorte qu'en la prenant dans le milieu de la voix, on se réserve de quoi fournir également dans le haut et dans le bas.

CHAPITRE II.

De l'Unisson.

Ce n'est pas assez de savoir commencer une pièce de chant isolée, il faut encore savoir coudre ensemble les différentes pièces qui composent un office : ce qui se fait en mettant les tons à l'unisson. Il y a deux manières de mettre les tons à l'unisson : la première, en prenant pour base de l'unisson la plus basse note de l'octave de chaque ton, autrement dit le terme grave, c'est-à-dire la finale dans les tons impairs, et la quarte au-dessous de la finale dans les tons pairs; la seconde manière, en prenant pour base de l'unisson la note dominante de chaque ton.

1°. Si l'on prend pour base de l'unisson le terme grave de chaque ton, on transportera le son de la note qui est le terme grave de la pièce que l'on quitte, sur la note qui est le terme grave de la pièce qui suit.

2°. Si on prend pour base de l'unisson, la note dominante, on transportera le son de la note dominante de la pièce que l'on quitte, sur la note dominante du ton suivant. C'est ce qu'on appelle *observer la dominante.*

Ainsi je suppose, par exemple, qu'on choisisse, pour le son de la dominante, celui d'une certaine note d'un instrument, comme le *fa*, le *sol*, le *la* du serpent, le son du diapason (instrument qui donne le son du *la*), d'une cloche, ou celui de l'intonation de l'officiant, quand il entonne : *Deus in adjutorium;* ce son qu'on aura adapté, par exemple, à la dominante du premier ton, sera le même sur la note dominante du deuxième ton, du troisième ton, etc. Ainsi, dès que vous aurez fini une pièce de chant, si vous devez en recommencer une autre de suite, vous remonterez à la note dominante du ton que vous finissez, et le son du *la*, du *fa*, etc., (si la dominante du ton que vous finissez est *la*, est *fa*, etc.) vous le donnerez à l'*ut* du ton suivant, si la dominante de ce ton est *ut;* et de cette note vous descendrez ou vous monterez à la note qui commence la pièce. Voyez l'exemple *Planche* 8, *fig.* 1re.

Cette manière de chanter à l'unisson, en prenant pour base la note dominante de chaque ton, quoique moins régulière, est cependant plus pratiquée, plus usitée et plus conforme au chant de la psalmodie où l'on doit conserver la même dominante.

Première Remarque. — Il faudra remarquer que certaines pièces, certains offices, certains jours, demandent une dominante tantôt plus haute, tantôt plus basse. Le serpent sera fort utile pour la régler. Généralement, le *fa* du serpent sera la dominante, les jours ordinaires; le *sol*, les jours de fêtes. Le *la* sera la dominante des Psaumes en faux-bourdons, et de quelques Pièces extraordinaires. Il faudra aussi consulter l'étendue des voix du chœur.

Deuxième Remarque. — Pour avoir la dominante propre, quand on n'a pas le secours du serpent ou d'un autre instrument, on aura soin de se régler la voix d'avance sur cet instrument, remarquant à quelle note (du serpent par exemple) répond le son le plus grave de sa voix. Ainsi, ce son étant connu par comparaison, pour avoir la dominante en *la*, en *sol*, en *fa*, etc., on remontera de ce son (qu'on trouve toujours facilement) d'autant de tons et de demi-tons, qu'il est éloigné de la dominante que l'on veut avoir. Par exemple, celui dont le son le plus grave de la voix descend au *la* du serpent, pour avoir la dominante en *sol*, commencera par former ce son grave; puis de ce son il remontera de quatre tons, c'est-à-dire, qu'il fera cette partie de la gamme, *la*, *si*, *ut*, *re*, *mi*, *fa*, *sol*.

CHAPITRE III.

De l'Intonation des Antiennes

AVANT LES PSAUMES.

Celui qui entonnera une antienne qu'on ne devra pas continuer, terminera autant que possible son intonation sur la dominante, pour faciliter au choriste l'intonation du Psaume. Il serait facile de faire cette intonation, car sachant le ton de l'Antienne (c'est ce qu'on connaît toujours au moyen du Bréviaire ou des autres livres d'Eglise où tous les tons sont marqués avant l'Antienne), on pourrait se contenter d'en moduler les premiers mots, sur les notes de l'intonation des Psaumes du même ton. Ainsi si je dois entonner une Antienne du premier ton, du deuxième ton, du quatrième ton, etc., je chanterai à peu près selon les premiers mots de l'Antienne, comme je le démontre à la Planche 8, où se retrouvent les mêmes notes que celles des intonations des Psaumes de ces mêmes tons. *Planche 8, fig. 2 et 3.* 5

CHAPITRE IV.

Du Crochet.

Le *Crochet*, autrement dit *Cadence*, est un *petit neume* qui a lieu avant la double Barre, qui est ordinairement au commencement des Antiennes et Répons pour déterminer la longueur de l'intonation. Il se fait en chantant une note au-dessus et une au-dessous de celle qui termine l'intonation, et par laquelle on doit finir. Par exemple, quand l'intonation se termine en *la*, on dira *si*, *sol*, avant de dire *la*. Exemple: *Planche 8, fig. 4 et 5.*

Quelquefois, quand la dernière Syllabe de l'intonation a plusieurs notes qui haussent par tierce, par quarte ou par quinte, pour éviter un trop grand élancement de voix, ou par l'harmonie, le crochet se fait en ajoutant deux notes à la dernière, l'une au-dessous et l'autre sur le même degré que la dernière. Exemple: *Pl. 8, fig. 6.*

Le crochet est d'usage après toutes les intonations, pour avertir le chœur que c'est à lui à reprendre; mais si le choriste ou autre devait poursuivre seul ce qu'il a entonné, il ne ferait le crochet qu'à la fin de ce qu'il chante; à moins que la finale n'indique assez par elle-même que c'est au chœur à reprendre, comme lorsque la pièce est bien distinguée par Versets ou Strophes.

CHAPITRE V.

Des Neumes.

Le *Neume* que l'on nomme en grec *Pneuma*, et en

latin *Jubilum*, est, dit saint Augustin, un certain son qui signifie que le chœur s'efforce de proférer ce qu'il ne peut exprimer; et à qui convient cette sorte de louange, sinon à Dieu qui est un Etre ineffable? car on appelle *ineffable*, ce qui ne peut s'exprimer.

Le *neume* est une suite de notes que l'on ajoute à la fin des Antiennes selon les différens tons.

Quand on doit faire le *neume* après une Antienne, on ne doit pas peser sur les deux dernières notes de l'Antienne.

On fait usage du *neume* :

1°. Aux fêtes solennelles, Double de première, deuxième et troisième classe, après la dernière Antienne de vêpres, de chaque nocturne, de Laudes, et après les Cantiques évangéliques.

2°. Les jours de Simple-Doubles, et de Semi-Doubles, après les Antiennes des Cantiques évangéliques seulement.

Il faut observer que quand on double les Antiennes, on ne doit faire les *neumes*, qu'à la fin de la répétition de l'Antienne après les Psaumes ou Cantiques.

On ne doit faire aucun *neume* à la fin des mémoires même solennels, de même qu'on n'en doit pas faire depuis le Jeudi-Saint inclusivement, jusqu'à None du samedi avant *Quasimodo*, ni au petit office de la Sainte Vierge, de même qu'à l'office des Morts.

A la Messe, après le verset Alléluiatique, on répète *alleluia* avec un Crochet, et le chœur reprend le *neume* du second *alleluia*.

CHAPITRE VI.

De l'ordre dans lequel on doit Chanter au Choeur.

On chante *à deux Chœurs* et *en un seul Chœur*. *À deux Chœurs*, quand le côté droit et le côté gauche chantent alternativement; *en un seul Chœur*, quand les deux côtés chantent en même temps.

On chante à deux chœurs, le *Kyrie*, le *Gloria in excelsis*, le *Credo*, l'*Agnus Dei*, le *Domine Salvum*, les *Psaumes*, les *Proses*, les *Hymnes*, *Inviolata*, *Te Deum*, etc., et généralement tous les chants dont les reprises sont marquées par deux grandes barres. Cependant, comme d'après les règles du Missel, le Sanctus doit se chanter en un seul chœur, les doubles barres y sont inutiles, ou elles n'y sont que pour marquer les reprises qui sont chantées par l'orgue.

On chante en un seul chœur, les Antiennes, les Répons, Introïts, Graduels, *Alleluia*, les Offertoires, Communions, le dernier *Kyrie* (quand le premier choriste va annoncer le *Gloria in excelsis*, parce qu'alors il ne peut soutenir et diriger son chœur), le *Sanctus*, les Antiennes de la Sainte Vierge, après Complies, *Ave Verum*, etc. Les reprises ou répons de tous les morceaux qui sont entonnés, chantés par les deux choristes ou autres.

L'officiant entonne seulement: *Deus in adjutorium meum intende*, et tout le chœur poursuit jusqu'à *alleluia*.

On doit chanter seul ou à deux tous les morceaux où il n'y a pas de crochet ni de double barre au commencement. Si le chœur doit reprendre, on termine par un crochet, pour l'en avertir, excepté dans les cas dont nous avons parlé plus haut.

CHAPITRE VII.

De l'Office des Choristes.

D'après l'ancienne et louable coutume de l'Eglise, les choristes sont destinés à gouverner le chœur et à diriger le chant. Il n'y a que des Clercs qui puissent être admis à cette honorable fonction, et si on la confie quelquefois à des Laïques, ce n'est qu'avec une permission spéciale de l'Evêque et au défaut de Clercs dont ils sont en quelque sorte les lieutenans. Ils devront donc, par leur gravité, leur modestie et par une conduite sage et régulière, se montrer dignes d'un tel honneur.

Pour célébrer avec plus de décence les divins offices, ils doivent prévoir d'avance tout ce qui regarde le chant et leurs cérémonies particulières, et avertir les autres chantres de tout ce qui est nécessaire. Ils ne doivent chanter ni trop haut, ni trop bas, ni trop vite, ni trop lentement, mais comme il convient, et que le jour, l'office ou la pièce le demande. Généralement une mesure grave et solennelle convient aux grandes fêtes. Une mesure moins lente et toujours modérée doit caractériser les dîmanches et les autres fêtes inférieures.

Ils sortent à deux de front de la Sacristie, et s'avancent ainsi vers le chœur. Quand le chemin est trop étroit, le second choriste marche le premier, et l'autre qui doit être ordinairemant le plus âgé ou le plus digne, va derdière. Arrivés au chœur, ils font ensemble une inclination profonde vers l'autel, et après avoir salué leur chœur respectif, ils se dirigent vers leurs siéges placés au devant du lutrin.

Si on fait la procession avant la messe, après avoir entonné le répons, ils s'avancent derrière le clergé et précèdent les ministres sacrés.

Ils n'entonnent point l'Introït, que le célébrant ne soit suffisamment disposé dans la Sacristie à commencer la Messe. Ils chantent la moitié du verset et le *Gloria Patri*, et le chœur poursuit, ils entonnent l'Introït que le chœur continue.

Le premier choriste entonne *Kyrie*, ensuite le second choriste poursuit avec le chœur du côté gauche, le second, et ainsi alternativement jusqu'au dernier qui est chanté par les deux chœurs, tandis que le premier choriste va à l'autel annoncer au célébrant le *Gloria in excelsis*; pendant ce temps-là, le second choriste, s'il se promène, se retire à sa place, et se tient debout.

Les choristes doivent être couverts, découverts, assis, debout, en même temps. Si l'un se lève ou va annoncer une Antienne ou autre chose, l'autre doit se lever aussi. Toutes les fois que l'un des deux arrive à son siége ou le quitte, ils doivent se saluer. En général leurs actions doivent être uniformes. Ils doivent être couverts toutes les fois qu'ils sont assis, si ce n'est que le Saint-Sacrement ne soit exposé. Ils doivent être assis pendant les Psaumes, le *Kyrie*, le *Gloria in excelsis*, le *Credo*, l'Epitre, la Prose, pendant les Leçons à Matines : du reste ils sont debout, quand ils entonnent ou qu'ils chantent quelque chose. Ils seront à genoux à l'Elévation jusqu'au *Pater*, à la bénédiction du Saint-Sacrement, et s'ils ne sont pas en chapes, à *Et incarnatus est,* à *Tantùm ergo,* etc.

Quand les choristes se promèneront, ils le feront, comme marchant devant le Seigneur, gravement, modestement, chacun de leur côté, à pas égal, conservant toujours la même distance entr'eux. Au premier tour et à la première fois qu'ils se promènent, ils font une inclination aux degrés du sanctuaire, et saluent le célébrant, s'il est assis à son siége; de là ils descendent directement vers la nef, où ils saluent leur chœur respectif. Toutes les fois qu'ils se retournent, ils doivent le faire en dehors, à moins que le Saint-Sacrement ne soit exposé.

S'ils doivent se promener la tête découverte, par exemple, quand le Saint-Sacrement est exposé, ils tiennent leur bonnet carré à deux mains, le bord supérieur entre les index et les pouces croisés, le droit sur le gauche. S'ils doivent être couverts, ils auront les mains ou les bras croisés sur la poitrine. Ils ne doivent point être couverts pendant les processions qui se font dans l'Eglise,

Ils peuvent se promener au *Kyrie,* quand le célébrant est monté à l'autel; pendant le *Gloria in excelsis,* le *Credo,* les Psaumes et Cantiques, le *Venite exultemus,* le *Te Deum;* pour se promener, ils doivent être en chapes.

Si, pendant qu'ils se promènent, il arrive qu'il faille s'incliner, comme à ces mots: *Jesu Christe, Simul adoratur,* au *Gloria Patri,* etc., ils le font respectueusement vers l'autel, se tournant en dehors, ensuite ils reprennent leur marche non vers la nef, mais vers le sanctuaire.

Ils ne doivent point se promener, quand le chœur est

tourné vers l'autel, comme à ces mots du *Te Deum, Te ergo quæsumus*, etc.; quand il est à genoux, pendant les Leçons, l'Epitre, le Graduel, le Trait, l'*Alleluia*, les Proses, les Hymnes, l'Offertoire, la Communion, les Antiennes, ni quand ils chantent en musique et pendant l'Encensement du chœur.

A l'offrande, quand elle a lieu, les deux choristes s'approchent gravement et baisent la patène l'un après l'autre, faisant avant et après une inclination; ensuite ils retournent à leurs siéges où ils se tiennent debout pendant l'offrande du Clergé, et assis pendant celle des Laïques.

Au coup de clochette avant l'Elévation, ils se mettent à genoux derrière leurs siéges, sur lesquels ils étendent la partie antérieure de leurs chapes, pour ne point les salir.

Les choristes aux Vêpres, Laudes et Matines, annoncent alternativement les Antiennes au clergé; mais la première Antienne des Vêpres, Laudes et Matines, celles de *Magnificat* et de *Benedictus*, doivent toujours être annoncées à l'officiant. Les Antiennes *O* de l'Avent, sont entonnées avant et après le *Magnificat* par l'officiant, les Antiennes des Petites-Heures sont entonnées par le second choriste; les choristes entonnent alternativement les Psaumes. Le premier choriste le premier psaume, le second choriste le deuxième; et ainsi de suite. Le premier psaume du deuxième Nocturne est entonné par le second choriste.

CHAPITRE VIII.

Ordre et Tenue à observer par tout le Chœur.

En entrant au Chœur, on doit premièrement saluer l'autel et ensuite le chœur; c'est le contraire en sortant.

Après une courte et fervente prière faite à genoux, on se tient debout ou assis dans sa stalle, selon qu'il convient: ce qui doit se faire modestement et sans bruit. On doit garder un religieux et opiniâtre silence, si ce n'est qu'une nécessité pressante ne force seulement de parler pour ce qui regarde son office. Il faut se garder de tourner la tête et les yeux de côté et d'autre. Autant que possible, il faut avoir les mains jointes devant la poitrine. On ne doit pas croiser les jambes, ni écarter les pieds l'un de l'autre, mais les tenir unis ensemble sur le marche-pied ou sur le pavé. On crache dans son mouchoir ou près de soi, de manière à n'incommoder personne et à ne rien salir. Loin du chœur toute risée, toute immodestie, soit dans les gestes, soit dans la posture. En un mot, on doit se conformer en tout à l'ordre du chœur, de manière à prouver, par cette uniformité si édifiante, l'attention, la dévotion et le profond respect dont on est et dont on doit être pénétré, en présence des saints et redoutables mystères de notre religion.

Que les jeunes clercs ne rougissent pas de recevoir la leçon des plus âgés, comme aussi, que les anciens à leur tour ne dédaignent pas de la donner aux plus jeunes. Si quelqu'un, soit dans le chant, soit dans son office, vient à faire quelque faute, qu'il n'aille pas s'excuser, ni résister aux remontrances de ceux qui auront la charité de le reprendre, mais que, reconnaissant sa faiblesse, il en témoigne son repentir. On pourra charger de jeunes clercs de placer et d'ouvrir à temps sur le lutrin les livres nécessaires à l'office. Ils chercheront d'avance et remarqueront, au moyen de signets, les choses que l'on devra chanter. Ils auront soin, pour les conserver propres, de les serrer après l'office sur les tablettes dans une armoire destinée pour cela. Si on confie cette charge à des Laïques, il faut qu'ils soient, autant que possible, revêtus de la soutane et du surplis, comme le doivent être également tous les officiers du chœur, les Chantres, Choristes, Clercs-Laïques, et le reste du Clergé. Pour les autres cérémonies, on devra consulter les rubriques de chaque Diocèse.

TRADUCTION

D'UNE

ANCIENNE QUERELLE

SUR

LE PLAIN-CHANT.

Les lecteurs me sauront gré, sans doute, de transcrire ici l'original d'une ancienne Querelle sur le Plain-Chant, qui eut lieu vers l'an 800.

Et reversus est Rex piissimus Carolus, et celebravit Romæ Pascha cum Domno Apostolico. Ecce orta est contentio per dies festos Paschæ inter cantores Romanorum et Gallorum. Dicebant se Galli meliùs cantare et pulchriùs quàm Romani. Dicebant se Romani doctissimè cantilenas ecclesiasticas proferre, sicut docti fuerant à sancto Gregorio papâ, Gallos corruptè cantare, et cantilenam sanam destruendo dilacerare. Quæ contentio ante Domnum regem Carolum pervenit. Galli verò propter securitatem Domni regis Caroli valdè exprobrabant cantoribus Romanis, Romani verò propter auctoritatem magnæ doctrinæ eos stultos, rusticos et indoctos velut bruta animalia affirmabant, et doctrinam sancti Gregorii præferebant rusticitati eorum : et cum altercatio de neutrâ parte finiret, ait Domnus piissimus rex Carolus ad suos cantores : Dicite palàm quis purior est, et quis melior, aut fons vivus, aut rivuli ejus longe decurrentes? Responderunt omnes unâ voce, fontem, velut caput et originem, puriorem esse ; rivulos autem ejus quantò longiùs a fonte recesserint, tantò turbulentos et sordibus ac immunditiis corruptos ; et ait Domnus rex Carolus : Revertimini vos ad fontem sancti Gregorii, quia manifestè corrupistis cantilenam ecclesiasticam. Mox petiit Domnus rex Carolus ab Adriano papâ cantores qui Franciam corrigerent de cantu. At ille dedit ei Theodorum et Benedictum doctissimos cantores qui a sancto Gregorio eruditi fuerant, tribuitque Antiphonarios sancti Gregorii, quos ipse notaverat notâ Romanâ: Domnus verò rex Carolus revertens in Franciam misit unum cantorem in Metis civitate, alterum in Suessonis civitate, præcipiens de omnibus civitatibus Franciæ magistros scholæ Antiphonarios eis ad corrigendum tradere, et ab eis discere cantare. Correcti sunt ergo Anti-

TRADUCTION.

Le très-pieux roi Charles étant retourné célébrer la Pâque à Rome avec le seigneur apostolique, il s'émut, durant les fêtes, une querelle entre les chantres Romains et les chantres Français. Les Français prétendaient chanter mieux et plus agréablement que les Romains. Les Romains se disant les plus savans dans le chant ecclésiastique, qu'ils avaient appris du pape Saint-Grégoire, accusaient les Français de corrompre, écorcher et défigurer le vrai chant. La dispute ayant été portée devant le seigneur roi, les Français qui se tenaient forts de son appui, insultaient aux chantres Romains. Les Romains fiers de leur grand savoir, et comparant la doctrine de Saint-Grégoire à la rusticité des autres, les traitaient d'ignorans, de rustres, de sots et de grosses bêtes. Comme cette altercation ne finissait point, le très-pieux roi Charles dit à ses chantres : Déclarez-nous quelle est l'eau la plus pure et la meilleure, celle qu'on prend à la source vive d'une fontaine, ou celle des rigoles qui n'en découlent que de bien loin ? Ils dirent tous que l'eau de la source était la plus pure et celle des rigoles d'autant plus altérée et sale qu'elle venait de plus loin. Remontez-donc, reprit le seigneur roi Charles, à la fontaine de Saint-Grégoire dont vous avez évidemment corrompu le chant. Ensuite le seigneur roi demanda au pape Adrien des chantres pour corriger le chant Français, et le pape lui donna Théodore et Bénoît, deux chantres très-savans et instruits par Saint-Grégoire même. Il lui donna aussi des Antiphoniers de Saint-Grégoire qu'il avait notés lui-même en note Romaine. De ces deux chantres, le seigneur roi Charles, de retour en France, en envoya un à Metz et l'autre à Soissons, ordonnant à tous les maîtres de chant des villes de France de leur donner à corriger les Antiphoniers et d'apprendre d'eux à chanter. Ainsi furent corrigés les Antiphoniers français que chacun avait altérés par *phonarii Francorum, quos unusquisque pro suo arbitrio vitiaverat, addens vel minuens; ét omnes Franciæ cantores didicerunt notam Romanam quam nunc vocant notam Franciscam: excepto quod tremulas vel vinnulas, sive collisibiles vel secabiles voces in cantu non poterant perfectè exprimere Franci, naturali voce barbaricâ frangentes in gutture voces, quàm potiùs exprimentes. Majus autem magisterium cantandi in Metis remansit; quantumque magisterium Romanum superat Metense in arte cantandi, tantò superat Metensis cantilena cæteras scholas Gallorum. Similiter erudierunt Romani cantores supradictos cantores Francorum in arte organandi; et Domnus rex Carolus iterùm à Româ artis Grammaticæ et computatoriæ magistros secum adduxit in Franciam, et ubique studium litterarum expandere jussit. Ante ipsum enim Domnum regem Carolum in Galliâ nullum studium fuerat liberalium artium.*

Vide annal. et hist. Francor. ab an. 708. *ad an.* 990. *Scriptores coætaneos. impr. Francofurti* 1594. *Sub vitâ Caroli magni.*

des additions et retranchemens à sa mode, et tous les chantres de France apprirent le chant Romain, qu'ils appellent maintenant chant Français ; mais quant aux sons tremblans, flattés, battus, coupés dans le chant, les Français ne purent jamais bien les rendre, faisant plutôt des chevrotemens que des roulemens, à cause de la rudesse naturelle de leur gosier. Du reste, la principale école de chant demeura toujours à Metz, et autant le chant Romain surpasse celui de Metz, autant le chant de Metz surpasse celui des autres écoles françaises. Les chantres Romains apprirent de même aux chantres Français à s'accompagner des instrumens, et le seigneur roi Charles ayant de rechef amené avec lui en France des maîtres de Grammaire et de Calcul, ordonna qu'on établît partout l'étude des lettres ; car avant ledit seigneur roi l'on n'avait en France aucune connaissance des arts libéraux.

REGLES SAINTES
DE L'OFFICE.

Composées en vers latins,

par M. De Santeuil de Saint-Victor,

et traduites en vers français,

par M. Germain du Puy,

Chanoine de Saint-Jacques de l'Hôpital.

Quo more ac modo cantandæ sint à Clericis horæ Canonicæ.

Alterno , Jessæa, choro quæ carmina psallis,
Æternas gens nata Deo persolvere laudes,
Hic tibi servandas, quas scripsimus, accipe leges :
Qui formavit, habet quibus audiat, et Deus aures.

Maxima debetur sacris reverentia templis,
Hæc habitat Deus , et præsenti numine replet,
Hujus ad aspectum puræ sine corpore mentes,
Terrificæ trepidant crebra inter fulgura lucis.

Si mordet te noxa gravis , vel limine in ipso
Ingressum paveas, sceleris neque conscius intres
Templa augusta : sacris Deus est penetralibus ultor.
Si quid et impuri contraxeris , elue labem
Confestim. Mundis oculis sint omnia munda.
Pectoris ille tui sacros habitare recessus
Plus ambit, quàm juncta simul certo ordine saxa :
Sic loca sancta, metu posito , lustratus adibis,
Solves divina tuam in præconia linguam.

Ne venias , placare cupis si numinis iram,
Elatus caput, et benè-compto bellulus ore ,
Promissoque capillitio, nec odoribus unctus,
Allicias spectantûm oculos , nec veste placebis,
Moribus et puris. Satis orat splendida virtus.

De quelle manière et dans quelle disposition le Clergé doit chanter l'office divin.

PEUPLE né pour remplir les fonctions des Anges,
Qui chantez à deux chœurs les divines louanges :
Pour vous bien acquitter de cet heureux emploi
Ecoutez mes avis, qu'ils vous servent de loi.
Ministres du Très-haut, puissiez-vous bien comprendre
Que Dieu qui fit l'oreille, en a pour vous entendre.

C'est dans les temples saints qu'habite le Seigneur ;
N'y paraissez jamais que saisis de frayeur,
Dans un profond respect, adorez sa présence ;
Les Anges éblouis de sa divine essence,
Au milieu des éclairs qu'il lance incessamment,
Y sont, quoique très-purs, dans un saint tremblement.

Si par quelque péché, votre âme est ulcérée,
De ces augustes lieux craignez même l'entrée ;
Craignez qu'un Dieu vengeur, justement irrité,
Ne punisse à l'instant votre témérité.
Ne différez donc pas, si votre âme est impure,
De la purifier de la moindre souillure ;
Lavez-la dans les eaux d'une amère douleur ;
Que tout soit pur en vous, et les yeux et le cœur.
Plus jaloux de ce cœur, que d'aucun sanctuaire,
Dieu veut bien faire en lui sa demeure ordinaire.
Lorsque vous serez pur, entrez dans les lieux saints,
Avec joie entonnez les cantiques divins.

Voulant fléchir du Ciel la justice irritée,
Fuyez tous ces grands airs d'une tête éventée ;
Retranchez ces cheveux si longs et si galans,
Capables d'attirer les yeux des assistans ;
Par de vaines senteurs n'affectez point de plaire :
Qu'en vous tout soit conforme au sacré ministère ;
Plaisez plus par les mœurs, que par le vêtement :
Une vertu solide est un grand ornement.

Ne rerum species violent sacraria mentis,
Captivos sensus durâ sub lege tenebis,
Acceptoque jugo dociles tua jussa capessent
Mentis ad imperium. Multùm est componere sensus.

In toto sedeat depicta modestia vultu
Ut qui te videat, propiori numine tactus,
Sentiat esse Deum præsentem, et pronus adoret.

Ne nimiùm celeri confundas omnia cantu;
Sed paveas ad verba, ipso dictata tonante.
Plena Deo sunt verba.

Moras servare memento.
Cantanti prosunt, seu pectora fessa subindè
Respirent, seu mens quod profert lingua, revolvat,
Et sacras voces arcano ruminet ore.

Ad numeros hilarem ne lentus protrahe cantum;
Nec te adeò recreet vocis sonus; intima rerum
Scrutare, et sensus tecum meditare profundos.

Non incompositis lædas clamoribus aures.
Ne leviore sono molles imitabere cantus;
Frataque femineo supplantans verba palato,
Captabis plausum indecorem: nam talia temnit

De peur que nul objet, en dissipant votre âme,
Ne puisse ralentir l'ardeur qui vous enflamme,
Vous ne sauriez avoir trop de sévérité,
A retenir vos sens dans la captivité.
De les rendre soumis faites-vous une étude,
Qu'ils reçoivent le joug d'une sainte habitude;
Qu'ils sachent à l'esprit obéir en tout temps,
Pour prier, c'est beaucoup de bien régler ses sens.
Soyez si composé, qu'en vous voyant on sente,
Du Dieu que vous servez, la Majesté présente;
Et que chacun, touché d'un tel recueillement,
Devant lui se prosterne et l'adore humblement.
Gardez-vous de tomber dans le confus murmure
D'un chant précipité sans ordre et sans mesure :
Par un motif de foi, pesez ou respectez
Jusques aux moindres mots que Dieu même a dictés.
Plein de l'esprit du Dieu, qui lance le tonnerre,
Ces oracles devraient faire trembler la terre.
Le chant, par quelque pause, a dû se mesurer;
Ce repos fait trouver le temps de respirer,
Et le cœur peut goûter les vérités sacrées,
Qu'avec différens tons, la bouche a proférées.
Observez donc toujours les pauses qu'on prescrit,
Pour soulager le corps et pour nourrir l'esprit.
Mais aussi gardez-vous d'une manière lente;
Ne défigurez-pas, par une voix traînante,
Un air dont la cadence a de la gaieté :
Par la beauté des tons craignez d'être flatté;
Ne vous arrêtez pas à cette faible écorce,
Il faut peser des mots et le sens et la force.
N'allez point, par des cris aigres et détonnans,
Vous rendre insupportable à tous les assistans.
N'affectez point non plus des manières mondaines;
Et pour vous attirer quelques louanges vaines,
Ne donnez point au chant un air efféminé :
Dieu méprise les vœux d'un cœur ainsi tourné.

Vota, precesque Deus. Puri suspiria cordis,
Et tacitos gemitus attentis auribus audit.

At neque cantanti rictus distorqueat ora
Rectior, et rupto se vox de gutture trudat,
Undè solent resonare immani templa boatu.
Non clamore Deus placatur. Ut audiat alto
E solio, nil vocis eget. Vos surda, prophetæ,
Numina nec quicquam valido pulmone vocastis.

Concordes animos monstret concordia vocum;
Par studium. Varia pro conditione locorum
Ritè observentur quæ sunt prescripta quotannis.

Absint bella, procul sacris discordia templis.
Ancipiti in ritu si quid peccatur, in ipso
Substituens melius momento corrige, dum res
Et templus tulerit; sed si qui fortè resistant,
Nec valeas solus te contra opponere turbæ,
Errorem permitte; Deo gratissimus error.
Mox cujus fuerat melior sententia, prudens,
Paulatim cùm se malè nata remiserit ira,
Errorem ostendas, et erit tibi gloria major.

Apprenez qu'il n'écoute avecque complaisance,
Que ces gémissemens poussés dans le silence,
Ces cris intérieurs et ces tendres soupirs,
Qui d'un cœur épuré lui marquent les désirs.
Jamais grimace en chant ne doit être employée;
Evitez de chanter à gorge déployée,
La bouche trop ouverte et trop violemment;
C'est de là que nous vient ce grand mugissement,
Dont les temples sacrés quelquefois retentissent.
Dieu ne s'apaise point par des voix qui glapissent;
Il ne prend point plaisir à ces fortes clameurs.
Ce Dieu qui règne au ciel, au milieu des splendeurs,
Nous entend pleinement de son trône sublime,
Sans ce bruit de la voix, que trop d'ardeur anime.
Vous, prêtres de Baal, par des cris redoublés,
Invoquez un Dieu sourd, qu'en vain vous appelez.
Que l'union des voix marque celle des âmes,
Que les cœurs bien unis brûlent des mêmes flammes,
Chaque lieu différent a son rit à garder;
Aux usages reçus on doit s'accommoder,
Et suivre exactement, dans le cours de l'année,
Ce que l'on trouvera prescrit chaque journée.
A l'Eglise surtout, évitez les débats;
Sur un rit incertain ne vous échauffez pas:
Une cérémonie est hors-d'œuvre, sur l'heure
Changez-là, s'il se peut, en une autre meilleure;
Mais s'il n'est pas aisé de vous faire écouter,
Tout seul, à tout un chœur, n'allez pas résister,
Laissez-les manquer tous; qu'une faute semblable,
Pour conserver la paix, au ciel est agréable!
L'on ne peut en ce point agir trop prudemment,
Pour empêcher l'éclat d'un sot entêtement.
Quand quelque temps après, la chaleur est passée,
Vous pouvez simplement dire votre pensée,
Leur montrer par raison qu'ils étaient dans l'erreur,
Et vous les forcerez d'aimer votre douceur.

Ne tibi longa nimis subeant fastidia cantûs,
Te super astra feras : propriis mens libera vinclis
Audeat interdùm sedes percurrere sanctas,
Cœlestesque intrare domos. Te junge supernis
Obvius agminibus, superisque admixtus adora
Quem cœli prona aula canit, quem terque beatum,
Terque canit sanctum. Sic tu novus ætheris hospes
Laudare incipies quem mox laudabis in ævum.
Pectus inundabit quàm pura, et sancta voluptas!

Felix, qui nondùm exutus mortalia membra,
Has retinens leges, patrio prœludit Olympo?

Dans un chant assidu, qu'aucun dégoût funeste
Ne vous prive de cet emploi céleste ;
Elevez-vous au ciel, que par de saints efforts
Votre esprit dégagé des liens de son corps,
Ose se transporter jusque dans l'empirée :
Qu'il entre en ce palais d'éternelle durée,
Qu'il parcourre à loisir la divine cité,
Qu'admirant de ces lieux l'immuable beauté,
Il se joigne aux concerts des troupes angéliques,
Qui font tout retentir de leurs sacrés cantiques.
Là, cette auguste cour, en s'anéantissant,
Appelle trois fois saint le grand Dieu tout-puissant :
Avec elle, en tout temps, que votre cœur l'adore,
Plein de ces sentimens, quoique mortel encore,
Vous serez citoyen du bienheureux séjour,
Et vous commencerez, tout embrâsé d'amour,
A chanter les grandeurs de cet être adorable,
Pour jouir à jamais de ce bien ineffable.
Quel plaisir pur et saint!... Quel excès de douceur,
Viendra comme un torrent inonder votre cœur !

Heureux qui suit ces lois, et qui, dès cette vie,
Essaie d'imiter la céleste patrie.

PLANCHES LITHOGRAPHIÉES,

POUR SERVIR

aux Leçons.

www.ingramcontent.com/pod-product-compliance
Ingram Content Group UK Ltd.
Pitfield, Milton Keynes, MK11 3LW, UK
UKHW021655260726
13994UKWH00003B/1464